www.tredition.de

AF217272

www.tredition.de

© 2017 Sahin Aydin

Verlag und Druck: tredition GmbH, Grindelallee 188, 20144 Hamburg

ISBN
Paperback: 978-3-7439-8479-0
Hardcover: 978-3-7439-8480-6

Şahin Aydın

Zur Erinnerung an den Essener Rechtsanwalt Dr. Rosenberg

Eine politische Biografie

Inhaltsverzeichnis

Vorwort

Der Bottroper Lokalhistoriker Şahin Aydın legt mit dieser Abhandlung über den jüdischen Rechtsanwalt und Friedensaktivisten Dr. Rosenberg eine weitere Ausarbeitung seiner historischen Forschungen von vergessenen; aktiven politischen Menschen aus dem Ruhrgebiet vor, die in der Zeit der Weimarer Republik und des Dritten Reiches lebten.

Die vorliegende Abhandlung ist ein Versuch und Grundstein für die Auseinandersetzung mit dem Wirken jüdischer Pazifisten und Antimilitaristen an der Basis während der Weimarer Zeit und des Dritten Reiches.

Şahin Aydın ist bei seinen Forschungen über den politischen Aktivisten Rudi Steffen in seiner Heimatstadt Gronau / Westfalen und im Ruhrgebiet über den Bergmann Alois Fulneczek 1919 und den Ruhrkampf 1920 durch den Hinweis des früheren Oberstaatsanwalts Dr. Schmalhausen, in dessen grundlegendem Buch „Schicksale jüdischer Juristen aus Essen 1933-1945", auf Dr. Rosenberg gestoßen.

Als Mitglied der heutigen DFG-VK-Gruppe Essen hat Şahin Aydın diese Anregung zum Anlass genommen, sich mit dem Essener Rechtsanwalt und Notar Dr. Rosenberg zu beschäftigen.

Neben der vorliegenden Abhandlung hat Şahin Aydın zusammen mit der Essener DFG-VK-Gruppe die Verlegung von Stolpersteinen zum Gedenken für Dr. Rosenberg und seine Familie initiiert und durchgeführt. Er hat diese Aktion auch mit seiner Pressearbeit begleitet.

Ihm und allen, die ihn bei der vorliegenden Schrift unterstützt haben, gebührt der Dank der DFG-VK-Gruppe Essen. Sie hofft, dass er seine Forschungsarbeit weiter vertieft und fortsetzt.

Rechtsanwalt, Stephan Urbach

Für die DFG-VK- Essen,   Essen, 12.11.2017

¹ Quelle: Foto Dr. Nathan Rosenberg, Bestand: NW PE 04721, Landesarchiv NRW, Abteilung Rheinland

Wer war Dr. Norbert Nathan Rosenberg?

Norbert Nathan Rosenberg wurde am 9. Januar 1869 in Essen geboren. Sein Vater Simon Rosenberg war von Beruf Kaufmann, zuletzt wohnhaft in Essen, seine Mutter war Bertha Rosenberg, geborene Langstadt, ebenfalls wohnhaft in Essen.

Nathan Rosenberg besuchte die Volksschule und danach das Essener Gymnasium, das er 1889 abschloss. Von 1889 bis 1890 diente bei einem bayerischen Infanterieregiment als Unteroffizier.

Nach dem Abitur und der Militärzeit studierte Nathan Rosenberg Rechtswissenschaften an den Universitäten von Freiburg, München und Berlin. 1892 legte er das Referendarexamen ab. Nachdem er am 23. Dezember 1896 auch das Assessorexamen bestanden hatte, wurde Dr. Rosenberg am 16. September des folgenden Jahres als Rechtsanwalt in Essen zugelassen.

Am 9. Februar 1900 heiratete er Anna Langstadt in Berlin-Tiergarten. Am 3. Februar 1901 wurde den Eheleuten die Tochter Anneliese und am 28. April 1903 der Sohn Werner, jeweils in Essen an der Ruhr, geboren.

Am 21. Februar 1910 erfolgte seine Ernennung zum Notar. 1916 wurde Dr. Rosenberg 1916 mit dem Titel eines „Justizrates" ausgezeichnet. Die Kanzlei Dr. Rosenbergs befand sich im Lichtburg-Gebäude am Burgplatz in Essen.

Burgplatz und Umgebung, Essen in den 1930er Jahren, Foto: Stadt Essen, Presse- und Kommunikationsamt

Als Anwalt vertrat er u. a. die Witwe des Revolutionärs und Bergmanns Alois Fulneczek aus Bottrop. Alois Fulneczek wurde am 23. Februar 1919 vom Freikorps-Lichtschlag-Soldaten Heuer im Gerichtsgefängnis Bottrop in einer Zelle erschossen und später am Rand des Westfriedhofs Bottrop verscharrt.

Mit Unterstützung des Rechtsanwalts Rosenberg kämpfte die hinterbliebene Ehefrau schließlich erfolgreich für eine Umbettung. Nach zwei Jahren wurde ihr Ehemann auf dem Westfriedhof neben anderen Revolutionären des Ruhrkampfes begraben.

Auch wurde der Witwe die Rente verweigert, da es hieß, Alois Fulneczek wäre auf der Flucht erschossen worden.

Erst nach langem Beharren wurde eine Autopsie vorgenommen, die ergab dass er von vorne erschossen worden war. Die Klage ging damals bis zum Reichsgericht Leipzig.

Die Tochter von Alois Fulneczek, Charlotte Adelheid Anastasia Krahl, geb. Fulneczek, machte 1928 ihre Ausbildung als Büroangestellte in der Rechtsanwaltskanzlei von Herrn Rosenberg [2].

Von links nach rechts, 1. Charlotte Fulneczek in der Kanzlei Dr. Rosenberg, Juni 1929.   Quelle: Foto Sammlung: Şahin Aydın.

---

[2] Şahin Aydın, Ein Leben für die gerechte Sache, Biografischer Abriss von Alois Fulneczek, Bottrop, Februar 2015

Kino Lichtburg Kettwiger Str. 36, in Essen

Quelle: https://commons.wikimedia.org/wiki/File:Essen,_Lichtburg.jpg

Kanzlei Dr. Rosenberg in Essen mit allen Mitarbeiter/innen, 2. Juli 1928

Foto: Sammlung Şahin Aydın

Quelle: https://commons.wikimedia.org/wiki/File:Burgplatz_Essen_mit_VHS_2011.jpg

Südlicher Burgplatz heute ,von links Burggymnasium, Volkshochschule und Teil der Lichtburg, April 2011,

Heiratsurkunde von Dr. Rosenberg

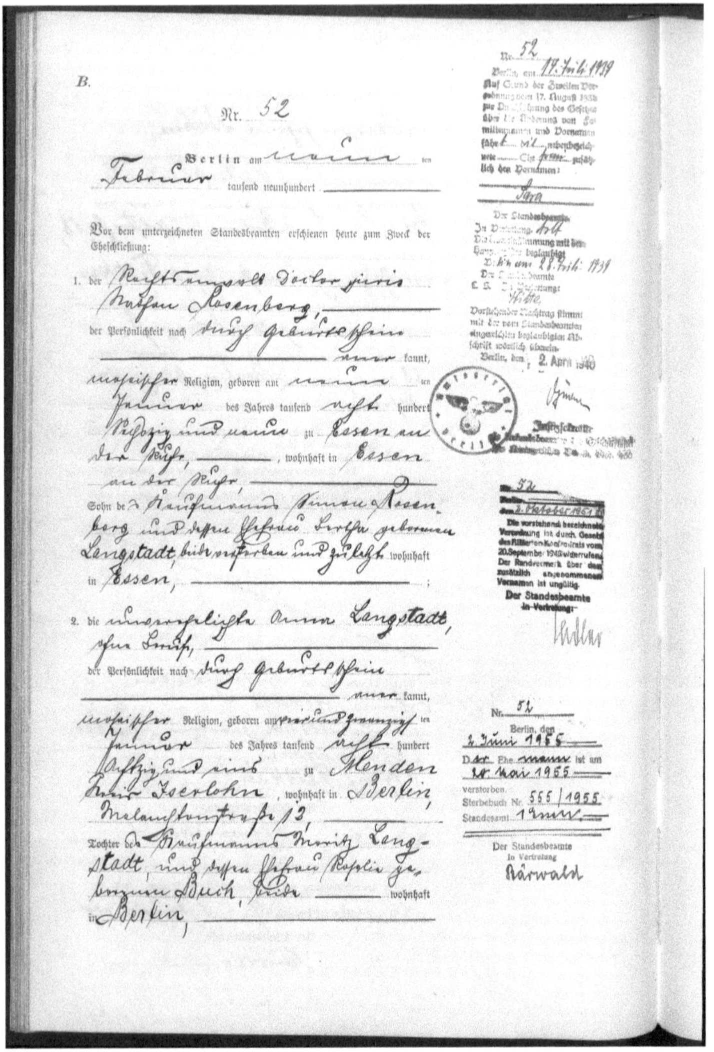

B.

Nr. 52

Berlin am neunten Februar tausend neunhundert

Vor dem unterzeichneten Standesbeamten erschienen heute zum Zweck der Eheschließung:

1. der Rechtsanwalt Doctor juris Nathan Rosenberg, der Persönlichkeit nach durch Geburtsschein anerkannt, mosaischer Religion, geboren am neunten Januar des Jahres tausend acht hundert sechzig und neun zu Essen an der Ruhr, wohnhaft in Essen an der Ruhr, Sohn des Kaufmanns Simon Rosenberg und dessen Ehefrau Bertha geborenen Langstadt, beide verstorben und zuletzt wohnhaft in Essen;

2. die unverehelichte Anna Langstadt, ohne Beruf, der Persönlichkeit nach durch Geburtsschein anerkannt, mosaischer Religion, geboren am vierundzwanzigsten Januar des Jahres tausend acht hundert achtzig und eins zu Menden Kreis Iserlohn, wohnhaft in Berlin, Melanchtonstraße 13, Tochter des Kaufmanns Moritz Langstadt und dessen Ehefrau Rosalie geborenen Bach, beide wohnhaft in Berlin,

Nr. 52
Berlin, am 17. Juli 1939
Auf Grund der Zweiten Verordnung vom 17. August 1938 zur Durchführung des Gesetzes über die Änderung von Familiennamen und Vornamen führt sie zusätzlich den Vornamen: Sara
Der Standesbeamte. In Vertretung. Arlt
Die Übereinstimmung mit dem Hauptregister beglaubigt
Berlin, am 28. Juli 1939
Der Standesbeamte
I. V. Wille
Vorstehender Nachtrag stimmt mit der vom Standesbeamten eingereichten beglaubigten Abschrift wörtlich überein.
Berlin, den 2. April 1940
Justizsekretär als Urkundsbeamter der Geschäftsstelle des Amtsgerichts

Nr. 52
Berlin, den 2. Oktober 1951
Die vorstehend bezeichnete Verordnung ist durch Gesetz des Alliierten Kontrollrats vom 20. September 1945 widerrufen. Der Randvermerk über den zusätzlich angenommenen Vornamen ist ungültig.
Der Standesbeamte In Vertretung:
Köhler

Nr. 52
Berlin, den 2. Juni 1955
Der Ehemann ist am 20. Mai 1955 verstorben.
Sterbebuch Nr. 555/1955
Standesamt
Der Standesbeamte In Vertretung
Bärwald

Als Zeugen waren zugezogen und erschienen:

3. der *Kaufmann Julius Rosenberg,*

der Persönlichkeit nach *durch Militärpaß* ____ kannt

3̶7̶ Jahre alt, wohnhaft in *Berlin, Saarbrücken-*
burgstraße 16, ____

4. der *Kaufmann Moritz Lang-*
stadt, ____

der Persönlichkeit nach *durch Militärpaß* ____ kannt

53 Jahre alt, wohnhaft in *Berlin, Malmeystein-*
straße 12,

Der Standesbeamte richtete an die Verlobten einzeln und
nach einander die Frage:
ob sie die Ehe mit einander eingehen wollen.
Die Verlobten bejahten diese Frage und der Standesbeamte
sprach hierauf aus,
daß sie kraft des Bürgerlichen Gesetzbuchs nunmehr recht-
mäßig verbundene Eheleute seien.

Vorgelesen, genehmigt und *unterschrieben*
Nathan Rosenberg,
Anna Rosenberg, geborene Langstadt,
Julius Rosenberg,
Moritz Langstadt

Der Standesbeamte.

Knörike

Die Uebereinstimmung mit dem Hauptregister beglaubigt

Berlin am *9ten Februar* 1900.

Der Standesbeamte.

Knörike

Im Jahr 1921 heiratete Dr. Rosenbergs Tochter Anneliese den Professor Moritz Morgenthal. In seinem Tagebuch Nr. 15 (1921) spricht Moritz Morgenthal begeistert über die junge Frau, die seine kulturellen und politischen Neigungen teilte und die auch nachher seine Frau wurde[3].

Nathan Rosenberg war in Essen Vorsitzender und lange Zeit Vorstandsmitglied der Deutschen Friedensgesellschaft. Er schrieb für die unabhängige Zeitung „Das Andere Deutschland" in den Jahren 1925 bis 1933[4].

---

3 Zentralarchiv zur Erforschung der Geschichte der Juden in Deutschland – Heidelberg / Trägerschaft des Zentralrates der Juden in Deutschland, Bestand B. 3/48, Nr. 15
4 Helmut Donat/Lothar Wieland, Das Andere Deutschland, Seiten 131, f., Regensburg 1980

DR. ROSENBERG **1928**

Am besten: Kein neuer Wehrminister!

Augenblicklich tobt noch der Streit um die Nachfolgerschaft Geß-
lers. Die deutsche Volkspartei verlangt den Posten für einen der ihren, während die Deutschnationalen das Reichswehrministerium
vorab interimistisch von einem anderen Minister mitverwaltet sehen
wollen und hierdurch die wenigstens zeitweilige Entbehrlichkeit des
Reichswehrministers anerkennen. Wir unterstützen diesen Vor-
schlag der Deutschnationalen aufs Wärmste und hoffen, daß bei
Drucklegung dieser Zeilen noch kein neuer Reichswehrminister ernannt ist.

Die Deutsche Friedensgesellschaft hat sich bekanntlich zweimal
auf ihren Generalversammlungen für völlige Abschaffung der
Reichswehr ausgesprochen. Wir wissen, daß – wie jede Organisa-
tion – so auch eine Armee ihre Notwendigkeit beweisen und sich
Geltung verschaffen will und daher eine Gefahr für den Frieden be-
deutet. Aber unsere Gegner, die heimlichen wie die unheimlichen
Kriegsfreunde, erklären doch immer wieder, daß das uns gelassene
Heer von 100 000 Mann ohne schwere Waffen der reine Hohn sei
und mit einem wirklichen Heer nur den Namen gemein habe. Also
schaffen wir diese Spielerei ab! Unterstellen wir die 100 000 Mann
des Reichsheeres und die 15 000 Mann der Reichsmarine dem
Reichsminister des Innern, wohin sie gehören.

Mit dem Reichswehrminister ist dann natürlich auch das zu einem Wasserkopf angewachsene Reichswehrministerium zu beseiti-
gen. Dieses umfaßt heute 982 Köpfe gegenüber 619 Köpfen bei dem
alten 5 mal größeren Vorkriegsheere und erfordert heute sage und
schreibe 11,3 Millionen Mark gegenüber früher 3,4 Millionen Mk.
Sicherlich werden sich dann auch die Herren Offiziere leichter zu der
Ansicht bequemen, daß sie nur eine ganz gewöhnliche Ordnungs-
truppe sind, die sich in nichts, aber auch in rein gar nichts von der
sonstigen Polizei unterscheidet, und daß sie sich deshalb in allem
und jedem den bürgerlichen Einrichtungen zu unterwerfen haben.

Die Abschaffung des Reichswehrministeriums ist das Gebot der
Stunde als Einleitung zur Abschaffung der Reichswehr überhaupt.
Unterstützen wir deshalb die deutsch-nationale Forderung, das
Reichswehrministerium vorab unbesetzt zu lassen; sorgen wir dann
dafür, daß diese interimistische Unterstellung der Reichswehr unter
den Innenminister zu einer dauernden wird.

21.1.1928

Quelle: Helmut Donat/Lothar Wieland, Das Andere Deutschland,
S. 131, Regensburg 1980

Titelseite vom 11. März 1933 mit der Ankündigung des Verbots

Quelle: Helmut Donat/Lothar Wieland, Das Andere Deutschland,
S. 343, Regensburg 1980

Nach der Machtübertragung an die Nationalsozialisten am 30. Januar 1933 durfte Dr. Rosenberg seinen Anwaltsberuf zunächst weiter ausüben. Doch die faschistischen Machthaber begannen sofort, „Belastungsmaterial" gegen den jüdischen Rechtsanwalt zusammenzutragen.

In der über Dr. Rosenberg angelegten Gestapo-Personenakte wurde nicht nur vermerkt, dass er Mitglied der „Deutschen Friedensgesellschaft" und der jüdischen „Glückauf-Loge" gewesen sei. Selbst ein Abonnement der Funkzeitschrift „Arbeitersender" wurde ihm nun zur Last gelegt.

Am 25. August 1933 entzogen die Nationalsozialisten Dr. Rosenberg das Notariat, fünf Jahre später, am 30. November 1938, auch die Zulassung als Rechtsanwalt.

In der Reichspogromnacht am 9. November 1938 wurde die gemeinsame Kanzlei von Dr. Nathan Rosenberg und Rechtsanwalt Dr. Westfeld zerstört und von da an auch boykottiert.

Als sein Sohn, der bei Theodor Althoff als Kaufmann arbeitete, am 26. Februar 1935 eine Reiselegitimationskarte beantragte, um als Handlungsreisender unterwegs sein zu können, wurde diese mit dem Hinweis auf den Bezug der kommunistischen Funkzeitschrift „Arbeitersender" durch seinen Vater verweigert.

Die Erklärung Werner Rosenbergs sowie verschiedene Zeugenaussagen von Hausangestellten und Lehrern, ebenso die Tatsache, dass die Gestapo Berlin keinen Nachweis finden konnte, bewogen die Gestapo Essen offensichtlich dazu, am 16. April 1935 zu vermerken, dass es keine Nachweise für den Bezug der Arbeiterfunkzeitschrift durch Werner oder Nathan Rosenberg gäbe.

Werner Rosenberg gelang es 1936 auszuwandern. Er kam am 15. Juni 1936 mit der *Belle Isle* aus Hamburg in Montevideo /

Uruguay an. Dr. Rosenberg und seine Frau konnten erst im Jahre 1939 nach Uruguay auswandern. Sie kamen dort am 26. Dezember 1939 mit der *Copacabana* aus Antwerpen an.

Aus der Gestapo-Akte von Dr. Rosenberg geht hervor, dass die Familie die von ihnen gepackten Lifts nicht mehr erhielt. Viele Familien, die kurz vor oder nach Kriegsausbruch emigrierten, verloren ihr Umzugsgut, wenn es bis zum 1. September 1939 nicht aus einem deutschen Abfahrtshafen verschifft worden war. Das gleiche geschah mit Umzugsgut, welches in holländischen, belgischen oder französischen Häfen auf seine Verschiffung wartete und nicht bis zum 10. Mai 1940 abgefertigt worden war. Abgesehen von Möbeln, Geschirr, Bettwäsche und Kleidung ging auch der persönliche Besitz wie Fotos, Unterlagen, Bücher, Schallplatten, Noten, Spielzeug etc. verloren.

Am 22. November 1940 schrieb die Gestapo Essen wegen der „Sicherstellung von Umzugsgut des bereits ausgebürgerten Juden Dr. Nathan Israel Rosenberg an die Gestapo Düsseldorf

„Rosenberg ist durch Bekanntmachung vom 24.07.1940, veröffentlicht in der Nr. 173 des Deutschen Reichs- und Preußischen Staatsanzeigers vom 26.07.1940, der deutschen Staatsangehörigkeit für verlustig erklärt worden[5]*. Wie erst jetzt festgestellt werden konnte, hat die Speditionsfirma Röhrling u. Co. in Essen, Hermann-Göring-Str. 36, unmittelbar vor Kriegsausbruch zwei Lifts, und zwar Nr. 8000 im Gewicht von 2663 kg und Nr. 8001 im Gewicht von 1869 kg an die Firma La Continental Menkes in Brüssel, Chaussée d'Anvers 125, zum Versand gebracht.*

---

[5] Gestapo-Akte RW58-62473, Landesarchiv NRW, Abteilung Rheinland , Begründung der Ausbürgerung mit Mitgliedschaft in der "Glückauf"-Loge und der Friedensgesellschaft, Gesetz zum Wiederruf von Einbürgerungen und Aberkennung der deutschen Staatsbürgerschaft von 14.07.1933.

Beide Lifts enthielten Umzugsgut, darunter wertvolle Einrich-
tungsgegenstände und Teppiche, die Eigentum des ausgebür-
gerten Juden Rosenberg sind. Von Brüssel aus sollten beide
Lifts nach Montevideo (Uruguay) an Rosenberg weitergeleitet
werden. Der Vermögensverwalter Utecht in Essen hat mitgeteilt,
dass die Lifts vermutlich noch in Brüssel lagern, da sie bisher in
Montevideo noch nicht angekommen sind. Unter Bezugnahme
auf die angezogene Verfügung gebe ich von dem Sachverhalt
Mitteilung, da ggf. noch eine Sicherstellung und Veräußerung
des Umzugsguts zugunsten des Reiches möglichst möglich ist".

Im Auftrage (Unterschrift).

Bereits am 7. Dezember 1940 erging der Auftrag der Gestapo
Düsseldorf an die Beauftragten der SS/SD in Frankreich und
Belgien, die Lifts zu versteigern.

Auf eine Anfrage vom 11. Februar 1941 ergab der Bericht eines
SS-Schergen, das Umzugsgut habe gelitten und nur 840 RM
eingebracht[6]. Somit wurde die Familie Rosenberg noch einmal
bestohlen, denn sie hatte die Genehmigung für den Versand der
Lifts und bereits alle Zahlungen geleistet, aber ihr Eigentum nie
erhalten. Von diesem legalen Raub profitierten deutsche „Volks-
genossen". Nicht nur in Hamburg gab es regelmäßig Versteige-
rungen aus den zurückgebliebenen Lifts, später auch direkt aus
den Wohnungseinrichtungen der Deportierten und Emigrierten.

---

[6] Gestapo-Akte RW 58-62473, Landesarchiv NRW, Abteilung Rheinland.

Es wurden folgende Gegenstände der Familie Rosenberg vom Deutschen Reich gestohlen:

2 Wohnzimmer-Einrichtungen (3 Tische, 10 Sessel, 6 Stühle, 1 Buffet, 1 Silberschrank, 1 Bibliothek mit Bibliothekschränken, 1 Couch),

1 Schlafzimmer-Einrichtung (2 Betten mit Sprungfedermatratzen, 1 Schrank, 1 Toilettenspiegel , 4 Stühle),

1 Küche-Einrichtung (2 Küchenbuffets und 4 Stühle),

8 Perser-Teppiche und 2 kleine Perserteppiche,

5 Ölgemälde (je 1 von Dirks, Kamp, Westfeld, Szerbine und Seel),

4 Stahltische,

Verschiedene Lampen, Kronleuchter und 1 Deckenstrahler,

1 Flurgarderobe,

1 Radio Marke Philipps,

1 fabrikneue Nähmaschine,

1 fabrikneue Heißmangel,

9 Dutzend Bestecke, Fabrikat Wellner 800 gestempelt (fabrikneu),

1 elektrischer Heizofen,

1 elektrischer Herd mit 2 Feuerstellen (fabrikneu),

1 Petroleumofen (fabrikneu),

1 Kühlschrank (Frigidaire),

1 Schreibmaschine,

3 Bettbezüge (Oberbetten, Kopfkissen, verschiedene Daunendecken, etwa 12 Auflege-Kissen),

150 Tischdecken im durchschnittlichen Wert von RM 15,- darunter einzelne Decken im Wert von mehr als 100 RM,

3 Kleiderschränke,

1 Geschirrschrank,

Verschiedene Service und Bronzen,

Essbestecke und elektrische Apparate z. B. zum Kaffeemahlen und zum Backen,

mehrere Schränke mit Porzellan, Kristall, Wäsche und Glas,

mehrere Körbe / Kleidungsstücke und Koffer.

Dieses Umzugsgut hatte, zumal es sich z. T. um fabrikneue für die Zwecke der Auswanderung angeschaffte Gegenstände handelte, einen Wert von mindestens 20. 000 Goldmark an Tag der Einziehung[7].

Am 28. Februar 1940 wurde Dr. Rosenberg und seiner Familie die deutsche Staatsbürgerschaft aberkannt. Damit war der Weg für die Nazis frei, das ganze Vermögen der Familie Rosenberg zu beschlagnahmen. Ihr Haus in der Mohrenstraße 35 in Essen-Rüttenscheid wurde ebenfalls beschlagnahmt.

---

[7] Dr. Nathan Rosenberg, Bestand: NW PE 04721, Landesarchiv NRW, Abteilung Rheinland.

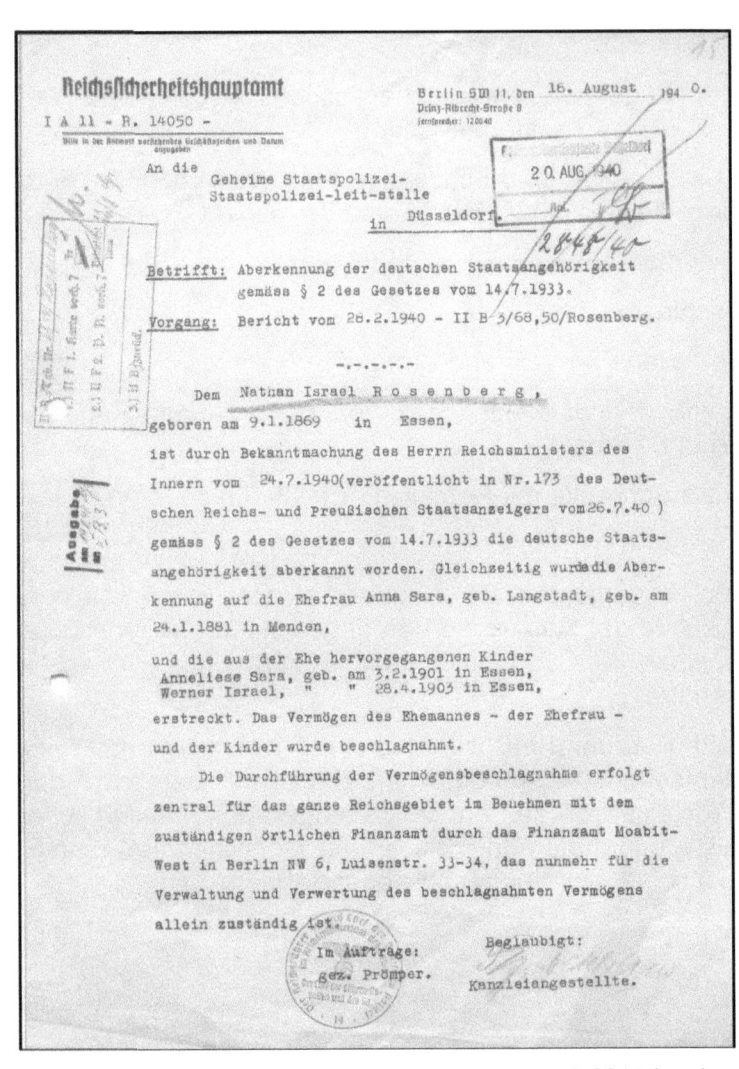

Reichssicherheitshauptamt

I A 11 - R. 14050 -

Berlin SW 11, den 16. August 194 0.
Prinz-Albrecht-Straße 8
Fernsprecher: 12 00 40

An die
Geheime Staatspolizei-
Staatspolizei-leit-stelle

in Düsseldorf.

2 0. AUG. 1940

Betrifft: Aberkennung der deutschen Staatsangehörigkeit
gemäss § 2 des Gesetzes vom 14.7.1933.

Vorgang: Bericht vom 28.2.1940 - II B 3/68,50/Rosenberg.

-.-.-.-.-

Dem Nathan Israel R o s e n b e r g ,
geboren am 9.1.1869 in Essen,
ist durch Bekanntmachung des Herrn Reichsministers des
Innern vom 24.7.1940(veröffentlicht in Nr.173 des Deutschen Reichs- und Preußischen Staatsanzeigers vom 26.7.40)
gemäss § 2 des Gesetzes vom 14.7.1933 die deutsche Staatsangehörigkeit aberkannt worden. Gleichzeitig wurde die Aberkennung auf die Ehefrau Anna Sara, geb. Langstadt, geb. am
24.1.1881 in Menden,

und die aus der Ehe hervorgegangenen Kinder
Anneliese Sara, geb. am 3.2.1901 in Essen,
Werner Israel, " " 28.4.1903 in Essen,

erstreckt. Das Vermögen des Ehemannes - der Ehefrau -
und der Kinder wurde beschlagnahmt.

Die Durchführung der Vermögensbeschlagnahme erfolgt
zentral für das ganze Reichsgebiet im Benehmen mit dem
zuständigen örtlichen Finanzamt durch das Finanzamt Moabit-
West in Berlin NW 6, Luisenstr. 33-34, das nunmehr für die
Verwaltung und Verwertung des beschlagnahmten Vermögens
allein zuständig ist.

Im Auftrage:
gez. Prömper.

Beglaubigt:

Kanzleiangestellte.

Quelle: Dr. Nathan Rosenberg, Bestand: RW 0058 62473 0015 Landesarchiv
NRW, Abteilung Rheinland

Aktivitäten in Exil

Landkarte von Uruguay

Dr. Rosenberg setzte seine politischen Aktivitäten gegen den deutschen Nationalsozialismus und Militarismus im Exil in Uruguay fort. So wirkte er zusammen mit gleichgesinnten Exildeutschen an der Zeitschrift „Das Andere Deutschland" - „La Otra Alemania" mit, die in Südamerika erschien.

Titelblatt von der im Exil herausgebrachten Zeitschrift „La Otra Alemania - Das andere Deutschland

In einer Ausgabe vom März 1943[8] mit Berichten zum 1. Kongress der Deutschen Antifaschisten Südamerikas vom 29. bis 31. Januar 1943 in Montevideo, findet sich eine von Dr. Rosenberg verfasste Grußbotschaft an die Teilnehmer:

„Als langjähriges Vorstandsmitglied der früheren „Deutschen Friedensgesellschaft" begrüße ich Sie anlässlich der Eröffnung des Deutschen Antifaschistischen Kongresses aufs herzlichste. Ich wünsche dem Kongress den besten Erfolg. Die Zusammenfassung aller deutschen freiheitlichen Hitlergegner ist eine Notwendigkeit, damit bei dem hoffentlich in nicht allzu langer Zeit erfolgenden Zusammenbruch des Hitlerismus ein anderes, in politischer und wirtschaftlicher Beziehung besseres Deutschland aufgebaut werden kann. Ich bin auch durchaus mit Ihrer letzten

---

[8] Das andere Deutschland, 6. Jahrgang, Nr. 60, Buenos Aires, März 1943, Archiv: Friedrich-Ebert-Stiftung Bonn.

Radio-Ansprache einverstanden, dass nicht das ganze deutsche Volk mit Hitler gleichgestellt werden könne. Freilich sind namentlich die herrschenden Schichten des deutschen Volkes für den Hitlerismus verantwortlich und müssen mit diesem haftbar gemacht werden".

Hier wird deutlich, wie groß dennoch die Bindung an und die Identifikation mit Deutschland bei vielen deutschen Juden waren. Trotz seiner negativen Erfahrungen mit dem „Dritten Reich" hoffte Dr. Rosenberg auf ein anderes Deutschland und setzte sich aktiv für seine ehemalige Heimat ein.

Dr. Nathan Rosenberg führte in Kooperation mit uruguayischen Rechtsanwälten Rechtsberatung in deutsche Sprache durch. Die entsprechenden Akten wurden von den uruguayischen Rechtsanwälten auf Spanisch erstellt. Im Gemeindeblatt der Synagogengemeinde in Montevideo/ Uruguay, Februar 1940. S. 7, sieht man folgende Anzeige[9]:

Justizrat Dr. Norbert Rosenberg

frueher langjaehr. Rechtsanwalt und Notar in Essen uebernimmt die Beratung in allen Rechts- und Wirtschaftsfragen, namentlich in Angelegenheiten betr. kaufmaennische Vertraege jeder Art, Geschaeftsuebernahmen, Mietsvertraege, Erblassachen, Testamente u. notar. Akte. Zuverlaessige Vertretung in Gemeinschaft mit hies. fachkundigen Rechtsanwaelten.

Sprechstunden von 10—12 u. 5—7 Uhr oder n. Vereinbarung.

Montevideo, José L. Terra 2535   U. T. E. 26-9-01
GEGENUEBER DER JUED. BANK

Anzeige von Dr. Norbert Nathan Rosenberg, Gemeindeblatt, deutsch, Quelle: Gemeindeblatt der Synagogengemeinde in Montevideo, Boletin Informativo de la Nueva Communidad Israelita en el Uruguay, Februar 1940, Seite 7.

---

[9] Sonja Wegner, Zuflucht in einem fremden Land, Exil in Uruguay 1933-1945, S. 51,S. 313, S. 332, Hamburg 2013.

Rückkehr Dr. Rosenbergs in seine Heimatstadt Essen

Hochbetagt kehrte Dr. Rosenberg mit seiner Ehefrau Anna Ende April 1954 nach Essen zurück. Er nahm eine Wohnung im jüdischen Altersheim „Rosenau" auf dem Pastoratsberg in Essen-Werden. Zusammen mit seiner Frau stellte Dr. Rosenberg Anträge, um als Verfolgte der NS-Herrschaft anerkannt zu werden. Ihren Anträgen wurde stattgegeben und sie erhielten eine kleine Rente.

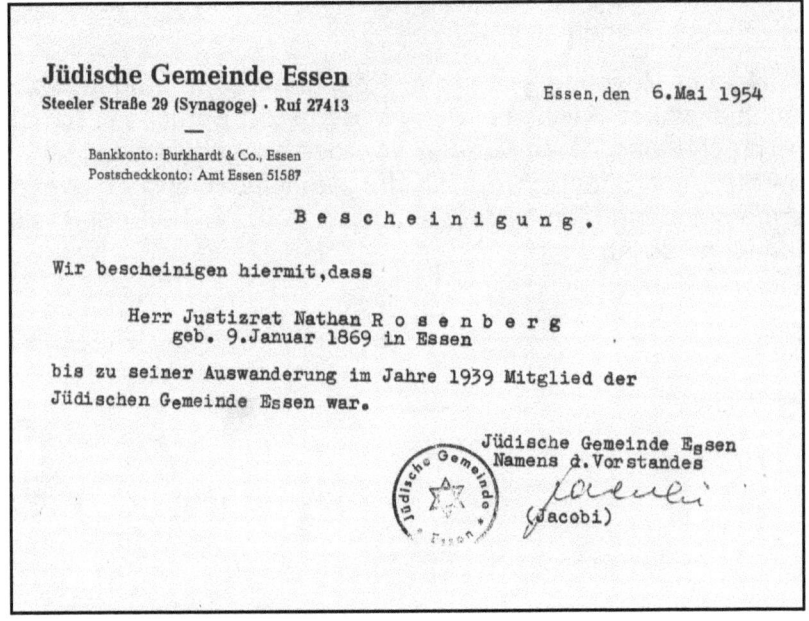

Quelle: Stadtarchiv Essen - Haus der Essener Geschichte.

Bescheinigung für Dr. Rosenberg von der Jüdischen Gemeinde Essen

Quelle: Stadtarchiv Essen – Haus der Esseber Geschichte

Alte Synagoge, Steeler Str. 29, Essen

Trotz seines Alters von bereits 86 Jahren stellte er auch einen Antrag auf Wiederzulassung als Rechtsanwalt beim Landgericht Essen.

Abschrift:

Essen-Werden, den 20. Mai 1954 / Altersheim Rosenau

Dr. Nathan Rosenberg

Justizrat

An den Herrn Landgerichtspräsident

Essen.

Ich , der unterzeichnete Dr. Nathan Rosenberg gestatte mir meine Wiederzulassung

Als Rechtsanwalt und die Wiederverleihung des Notariats mit dem Sitz in Essen zu beantragen.

Ich bin am 7. September 1897 als Rechtsanwalt für den Landgerichtsbezirk Essen

mit dem Sitz in Essen zugelassen worden und wurde am 21. Februar 1910 zum Notar ernannt. Infolge der nationalsozialistischen Machtherrschaft wurde mir mein Notariat im August 1933 genommen und die Ausübung meiner Rechtsanwaltspraxis im Oktober 1938 untersagt. Für die vorstehenden Erklärungen nehme ich Bezug auf meine Personalakten.

Infolge des Verlustes meiner Existenz sah ich mich gezwungen, im November 1939 nach Montevideo in Uruguay auszuwandern, wo ich bis Mitte März 1954 bei meinem dort ansässigen Sohn gelebt habe.

Da meine wirtschaftlichen Verhältnisse mir einen weitern Aufenthalt in Montevideo nicht gestatteten, bin ich Ende April ds. Jrs. nach Essen zurückgekehrt und beantrage aus diesem Grunde meine Wiederzulassung als Rechtsanwalt und Wiederverleihung des Notariats.

Ich beabsichtige meine Praxis in den Räumen des Rechtsanwalts und Notars Hermann Röttgen in Essen, Kortumstraße 25, auszuüben.

Ich besitze wieder die deutsche Staatsangehörigkeit.

Ergebenst !

Dr. Nathan Rosenberg,

Justizrat [10].

---

[10] Dr. Nathan Rosenberg, Bestand: NW PE 04721, Landesarchiv NRW, Abteilung Rheinland.

Am 13. Juli 1954 wurde Dr. Rosenberg wieder zum Rechtsanwalt und Notar ernannt. Er führte dann eine gemeinschaftliche Kanzlei mit dem Rechtsanwalt und Notar Hermann Röttgen, Kortumstr. 25, Essen. Rosenberg war für viele Geschädigte in Wiedergutmachungs- Angelegenheiten tätig.

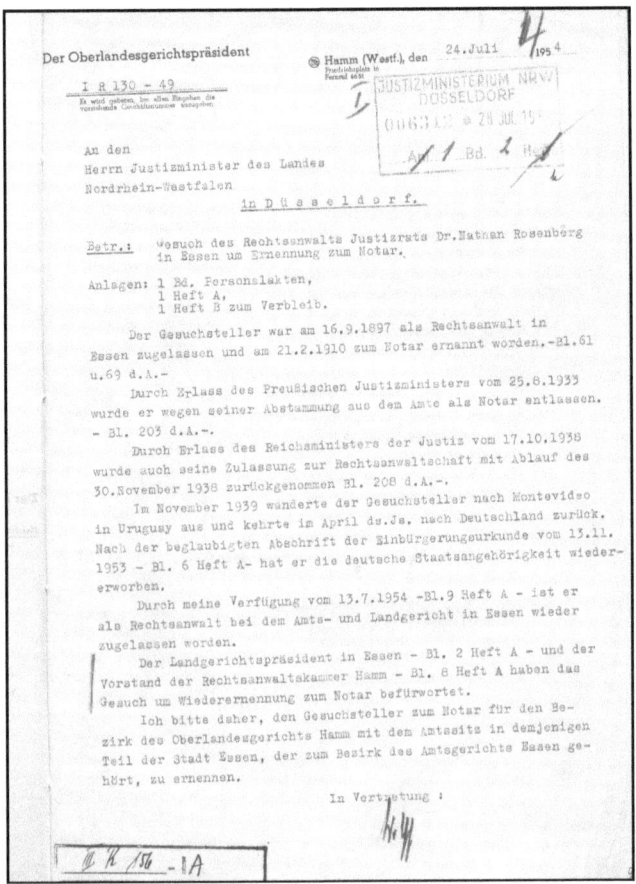

Schreiben des Oberlandesgerichtspräsidenten von Hamm wg. Zulassung,

Quelle: NW PE 04721 0009 NEW, Landesarchiv NRW, Abteilung Rheinland

Zur Frage, ob er nach seiner Rückkehr nach Essen auch wieder als Pazifist politisch aktiv war, liegen derzeit keine gesicherten Erkenntnisse vor. Sein Schwiegersohn, Prof. Dr. Moritz Morgenthal gehörte jedenfalls zu den Gründern der DFG Gruppe Heidelberg nach dem II. Weltkrieg[11].

Neun Monate später, am 20. Mai 1955, starb Dr. Nathan Rosenberg in seiner Heimatstadt Essen. Er wurde auf dem jüdischen Teil des Parkfriedhofs Essen beerdigt. Seinen Lebensabend hatte er zuvor im jüdischen Altersheim Rosenau in Essen-Werden verbracht.

Nach dem Tod von Dr. Rosenberg kehrte seine Ehefrau Anna Rosenberg am 29. Juni 1965 nach Montevideo/Uruguay zurück zu ihrem Sohn Werner. Sie verstarb am 7. März 1977 in Montevideo/Uruguay.

---

[11] Norbert Giovannini/Claudia Rink/ Frank Moraw: Erinnern, Bewahren, Gedenken, Die Jüdischen Einwohner Heidelbergs und ihre Angehörigen 1933-1945, Heidelberg 2011.

Quelle: Haus der Essener Geschichte/Stadtarchiv/Archiv Ernst Schmidt:
Bestand: 19-395.

Das Jüdische Altersheim „Rosenau" auf dem Pastoratsberg in
Essen-Werden

Meldekarte von Familie Rosenberg

Quelle: Stadtarchiv Essen/ Haus der Essener Geschichte

Angaben zu den Familienangehörigen

Ehefrau:

Ehefrau Anna Rosa Rosenberg, geborene Langstadt.

Vater: Kaufmann Moritz Langstadt.

Mutter: Rosalie Langstadt, geborene Buch.

Geboren am 24.01.1881 in Stadt Menden/Sauerland.

Gestorben am 7. März 1977 in Montevideo/Uruguay.

Der jüdische Friedhof Am Bromberken/Schwitter Weg - er war exakt ein Jahrhundert in Nutzung - ist noch teilweise erhalten; auf dem Gelände findet man ca. 30 Grabsteine. Stadt Menden/ Sauerland

Quelle: *(Aufn. bubo, 2011, aus: wikipedia.org, CC BY-SA 3.0)*

Nr. *16*

Menden am 31. Januar 1881.   Menden, den 27. Dezember 1938

Vor dem unterzeichneten Standesbeamten erschien heute, der Persönlichkeit nach _____ bekannt,

der _____ Moritz Langstadt

wohnhaft zu Menden

_____ Religion, und zeigte an, daß von der

Rosalie Langstadt geborene Buch, seiner Ehefrau,

_____ Religion,

wohnhaft zu Menden

zu Menden in seiner Wohnung

am ein und dreißig ten Januar des Jahres tausend achthundert ein und achtzig und zwar Mittags

um zwölf ein halb Uhr ein Kind männlichen Geschlechts geboren worden sei, welches den Vornamen

Anna

erhalten habe.

Vorgelesen, genehmigt und unterschrieben

M. Langstadt

Der Standesbeamte.

_____

Der unbewegliche Besitz Langstadt ist zusätzlich den Hebammen worden angenommen.

Der Standesbeamte:
In Vertretung:
_____

Menden, den 17. Januar 1946.
Der vorstehende Randvermerk wird hiermit auf Anordnung des Oberpräsidenten der Provinz Westfalen gemäß § 134 DA. von Amts wegen gelöscht.
Der Standesbeamte
In Vertretung:
_____

Quelle: Stadt Menden (Sauerland), Kulturbüro – Archiv

Geburtsurkunde von Anna Rosa Rosenberg, geborene Langstadt

Bescheinigung für Anna Rosenberg von der Jüdischen Gemeinde Essen,

Jüdische Gemeinde Essen
Steeler Straße 29 (Synagoge) · Ruf 27413

Essen, den 6.Mai 1954

Bankkonto: Burkhardt & Co., Essen
Postscheckkonto: Amt Essen 51587

B e s c h e i n i g u n g .

Wir bescheinigen hiermit,dass

Frau Anna Rosenberg geb.Langstadt
geb. 24.1.1881 in Menden/Westf.

bis zu ihrer Auswanderung im Jahre 1939 Mitglied
der Jüdischen Gemeinde Essen war.

Jüdische Gemeinde Essen
Namens d.Vorstandes

(Jacobi)

Quelle: Stadtarchiv Essen - Haus der Essener Geschichte.

Tochter:

Anneliese Bertha Morgenthal, geb. Rosenberg

Geboren am 03.02.1901 in Essen, gestorben 5.2.1973 in Heidelberg.

Verheiratet seit 1922 mit Prof. Moritz Morgenthal (1889-1971), Heidelberg.

Exil vor der Nazidiktatur am 03.04.1939 nach Großbritannien. 1956 Rückkehr nach Heidelberg. Sie wurde im Elternhaus politisch, Mitglied der Deutschen Friedensgesellschaft in Essen, ebenso nach dem 2. Weltkrieg in Heidelberg.

Totenanzeige von Anneliese Morgenthal, geb. Rosenberg.

Meine liebe Mutter

Anneliese Morgenthal

geb. Rosenberg

ist entschlafen.

Im Namen aller Angehörigen:

Lotte Evans

86 Park Road Hampton Hill, Mddx./England

Die Einäscherung fand in aller Stille statt.

Quelle: Rhein-Neckar-Zeitung, 12./13. Februar 1972, S. 11.

Quelle: Familienbesitz Lotte Evens

Anneliese, Moritz und Lotte Morgenthal in Heidelberg ca. 1930

Die Alte Universität Heidelberg, ist heute Sitz des Rektoriats

Quelle: https://de.wikipedia.org/wiki/Ruprecht-Karls-
Universit%C3%A4t_Heidelberg#/media/File:Alte_Universitaet.JPG

Sohn:

Werner Eugen Rosenberg

Geboren am 28.04.1903 in Essen.

Mitglied der Deutschen Friedensgesellschaft in Essen

Gestorben am 01.02.1990 in Montevideo/Uruguay

Verheiratet mit Berta Sustermann

Arbeitsplatz von Werner Eugen Rosenberg,

Kaufhaus Althoffhaus in Stadt Essen

Postkarte aus den 1920er Jahren, das Althoffhaus in Essen

Quelle: wwww.Essen-historisch.de

Grab von Werner Eugen Rosenberg

Foto: David Telias (Jüdische Gemeinde in Montevideo/Uruguay)

Anhang

Alois Fulneczek

Geboren am 29.12.1882 in Pyschni/Ratibor (Oberschlesien), Mitglied des revolutionären „Arbeiter- und Soldatenrats Bezirk Bottrop" und der USPD-Bottrop, von Angehörigen des Freikorps Lichtschlag am 23.02.1919 im Gerichtsgefängnis Bottrop ermordet.

Quelle: Sahin Aydin, Ein Leben für die gerechte Sache, Biografischer Abriss von Alois Fulneczek, Bottrop, Februar 2015.

Charlotte Adelheid Anastasia Krahl, geborene Fulneczek.

Geboren am 08.10.1910 in Bottrop, machte ihre Ausbildung in der Kanzlei Rosenberg. Tochter von Alois Fulneczek, gestorben am 3.10. 1990 in Bottrop.

Quelle: Sahin Aydin, Ein Leben für die gerechte Sache, Biografischer Abriss von Alois Fulneczek, Bottrop, Februar 2015.

Deutsche Friedensgesellschaft (DFG)

Gegründet am 9.11.1892 von Bertha von Suttner und Alfred Herrmann Fried, zunächst humanitär, mit nationaler Gesinnung und sozialkonservativer Einstellung. Um Jahrhundertwende zunehmend politisch, vertrat DFG einen „konstruktiven" Pazifismus, für Verständigung, Abrüstung, Lösung von Konflikten mittels Schiedsgerichtsurteile. Sie war für Verteidigungskriege und Ablehnung der Kriegsdienstverweigerung. Die soziale Basis blieb bis zum ersten Weltkrieg das Kleinbürgertum. Bemühte sich vergeblich, Kaiser und Regierung zu einem Verständigungsfrieden zu bewegen.

1927 30.000Mitglieder. DFG-Zeitung „Das Andere Deutschland" erreichte eine Auflage von 42.000 Exemplaren. Annäherung von

DFG und SPD. Radikaler Pazifismus durch Kriegsdienstverweigerung und Gewaltlosigkeit. Für Verständigung mit Frankreich, Revision des Versailler Vertrages, Verwirklichung der Abrüstung, Eintritt Deutschlands in den Völkerbund, Kampf um die Erhaltung der Republik, gegen illegale Rüstung (Schwarze Reichswehr). Die Deutsche Friedensgesellschaft- Vereinigte KriegsdienstgegnerInnen (DFG-VK) hat u. a. die Nachfolger der DFG angetreten. Sie ist die größte KriegsdiensgegnerInnenorganisation in Europa und war maßgeblich im Kampf gegen Atomraketen in den 80er des letzte Jahrhundert aktiv. Heute kämpft sie u.a. für weltweite Abrüstung, insbesondere auch gegen ABC-Waffen und weltweit für das Recht auf Kriegsdienstverweigerung ohne Einschränkung, und gegen konventionelle Aufrüstung. Eines ihre Ziele ist auch, die Ächtung von ABC-Waffen.

Quelle: Webseite der DFG-VK- Bundesgeschäftsstelle, Werastraße 10, 70182 Stuttgart, Mai 2016.

Das Andere Deutschland

14-tägliche politische Zeitung, die aus der 1925 gegründeten Monatsschrift „Der Pazifist" hervorging. Publikationsorgan des Westdeutschen Landesverbandes der Deutschen Friedensgesellschaft, im März 1933 verboten. Gleichnamiges Hilfskomitee für deutsche Emigrantinnen und Emigranten in Buenos Aires. „Das Andere Deutschland" (DAD), wurde zu einer der wichtigsten Organisationen des antifaschistischen Exils in Südamerika. Das DAD-Komitee arbeitete auf der Grundlage eines sozialistischen Humanismus für eintreffende EmigrantInnen aus Deutschland und Spanien.

Quelle: Gert Eisenbürger: Das Andere Deutschland. Antifaschistischer Kampf in Lateinamerika, ila Magazin, November 1991, S. 56–57

Hermann Röttgen

Geboren am 2.12.1884 in Wattenscheid als Sohn von David und Sarah Röttgen, die einen Betten- und Möbel besaßen. 1921 Heirat mit Lilly Meyer aus Bochum. Hermann Röttgen wurde 1908

Justizreferendar in Hamm, arbeitete seit 1919 als Rechtsanwalt, ab 1926 auch als Notar. Sozius von Dr. Schoenewald in der Viktoriastraße 6 in Bochum. 1933 Verbot des Notariats durch die Nazis. Hermann Röttgen übersiedelte Ende 1933 nach Berlin als Geschäftsführer einer Metallwarenfabrik. Im Juli 1937 Emigration nach Holland, dort 1940-45 im Untergrund. Seine Frau Lilly wurde verhaftet, deportiert und ermordet. Ebenfalls seine Mutter. Nach 1945 wieder Rechtsanwalt in Essen. Vertrat viele Überlebende des Holocaust. Hermann Röttgen verstarb am 4. Oktober 1958.

Quelle: Herrn Halwer (Stadtarchiv Bochum), Aus: Zeit ohne Recht, S. 167, Stadtarchiv, Bochumer Zentrum für Stadtgeschichte.

Prof. Dr. Moritz Morgenthal

Geboren am 23. Juli 1889 in Idstein/Taunus als Sohn von Isak und Jeanette Morgenthal, geb. Ullmann. 1908 Umzug nach Heidelberg. Nach dem Studium wurde Moritz Morgenthal Lehrer. Aktiv in der studentischen Jugendbewegung in Heidelberg. 1913 Gründung der hochschulreformerischen Neuen Akademischen Gemeinschaft. Mit seinem Bruder Kriegsfreiwilliger. Nach Tod des schwer verletzten Bruders 1917 Wandlung zum Pazifisten. Ende 1938 Haft im KZ Dachau. Freilassung unter Auflage der Auswanderung. Ab 1939 Exil in Großbritannien. 1957 Rückkehr nach Heidelberg. Aktiv in der DFG. Moritz Morgenthal starb am 9. Februar 1971.

Quelle: Norbert Giovannini/Claudia Rink/ Frank Moraw, Titel: Erinnern, Bewahren, Gedenken, Die Jüdischen Einwohner Heidelbergs und ihre Angehörige 1933-1945, , Heidelberg 2011

Rechtsanwalt Dr. Dietrich Westfeld

Geboren am 6. August 1880 in Herford. Ab Mai 1907 Rechtsanwalt beim Landgericht Essen. Ab 1920 Notar. Verheiratet mit Margarethe Stern, Söhne Erich Robert (geb. 1921) und Fritz

(geb. 1926). Entziehung des Notariats im Sommer 1933 durch die Nazis. 1938 gelangte Sohn Erich Robert in die USA. Entziehung der Anwaltszulassung. Umzug nach Düsseldorf. 1939 gelangte Sohn Fritz nach London. Am 22. Juni 1939 durften Dr. Westfeld und seine Frau Margarethe Deutschland verlassen. Über London erreichten sie die USA, wo die Familie wieder zusammenfand.

Quelle: Bernd Schmalhausen (Hg), Schicksale jüdischer Juristen aus Essen 1933-1945, Herausgegeben von der Jüdischen Kultusgemeinde Essen, 1. Januar 1994)

Nachwort

Es ist mir eine große Freude, für diese Publikation ein Nachwort zu schreiben. Şahin Aydın hat uns auf großartige Weise einen ehemaligen Essener Bürger ins Gedächtnis gerufen. Aber nicht nur das, er hat auch den Anlass gegeben, dass in der Moorenstraße35 in Essen-Rüttenscheid nun Stolpersteine an die Familie Rosenberg, die dort ihr Zuhause hatte, erinnern.

Diese Biografie folgt den Spuren die Nathan Rosenberg und seine Familie hinterlassen haben. Sein Sohn emigrierte wegen beruflicher Einschränkungen und politischer Verfolgung bereits 1936 nach Uruguay. Dadurch konnte er seinen Eltern 1939 die Emigration nach Uruguay ermöglichen. Das Umzugsgut von Nathan und Anna Rosenberg gelangte nicht mehr nach Uruguay. Es wurde von den Nationalsozialisten im Hafen von Antwerpen beschlagnahmt und versteigert.

Bedauerlicherweise haben diese Themen – Flucht, Asyl und Familienzusammenführung – zurzeit wieder eine sehr große Aktualität. Auch jetzt sind es wieder die „kleinen Leute"[12], die, in alle Welt verstreut, sich ein neues Leben aufbauen müssen, weil sie in ihren Heimatländern verfolgt werden oder dort Krieg herrscht.

Aydıns Bericht zeigt das unauffällige Leben eines Essener Rechtsanwalts und Notars, der sich nach den Erfahrungen im 1. Weltkrieg in der Friedensgesellschaft engagierte und über ein anderes Deutschland – in der gleichnamigen Zeitschrift „Das andere Deutschland" – schrieb. Über ein Deutschland, das friedfertig versucht wieder seinen Platz in Europa zu finden, die

---

[12] Diesen Begriff prägte Wolfgang Benz für die Emigranten, die nicht zu den bekannten Persönlichkeiten des Exils gehörten.

Weimarer Demokratie hütet und ausbaut. Wie wir wissen, ist es anders gekommen.

Nathan, Anna und ihr Sohn Werner Rosenberg konnten sich nach Uruguay retten. Die Tochter Anneliese mit Mann und Tochter fand Zuflucht in England. Sonst wären sie, wie alle anderen im Deutschen Reich verbliebenen Juden, ermordet worden. Der einzige Grund dafür: ihre jüdische Religion beziehungsweise Abstammung.

Aydıns Buch ist ein Appell an alle Leser, sich für die Rechte der anderen einzusetzen. Er geht mit gutem Beispiel voran. Als Deutscher mit kurdische Wurzeln erforscht er die Geschichte eines jüdischen Deutschen, der aus seiner Heimat vertrieben wurde, von einem diktatorischen Regime, das ganz Europa mit Krieg überzog.

Şahin Aydın zeigt uns, dass ein Einzelner sehr viel bewegen kann, wenn er sich einer Sache annimmt. Aydın arbeitet wie ein Historiker und fand Material in Archiven, führte Interviews mit Zeitzeugen und schrieb schließlich diese politische Biografie in einer Sprache, die nicht seine Muttersprache ist. Das sollte uns allen Ansporn sein, seinem Beispiel zu folgen und unbequeme Wege zu gehen. Es gibt noch viele Lebensgeschichten zu erzählen.

Dr. Sonja Wegner Wöhrden 2017

Stolpersteinaktion

Stolpersteine verhindern vergessen
21. November 2016
Haus Moorenstraße 35 in Essen- Rüttenscheid

HIER WOHNTE
DR. NORBERT N.
ROSENBERG
JG. 1869
BERUFSVERBOT 1938
FLUCHT 1939
URUGUAY

HIER WOHNTE
ANNA ROSENBERG
GEB. LANGSTADT
JG. 1881
FLUCHT 1939
URUGUAY

HIER WOHNTE
WERNER ROSENBERG
JG. 1903
FLUCHT 1936
URUGUAY

Die Paten der Stolpersteine:

STIFTUNG – SPUREN – Gunter Demnig

DFG-VK- Gruppe Essen

Deutsche Friedensgesellschaft - Vereinigte Kriegsdienstgegner-
rInnen

Mitglieder der DFG-VK- Gruppe Essen und interessierte
BürgerInnen der Stadt Essen bei der Stolpersteinverlegung

Fotos: Thomas Redig

Aus der Presse

22 neue Stolpersteine in Essen halten die Erinnerung wach

Jennifer Schumacher, 16.11.2016, WAZ - Essen

An fünf Stellen werden neue Stolpersteine verlegt. An der Moorenstraße 35 wird an Anwalt Norbert Rosenberg erinnert, einen Kämpfer für Menschenrechte.

Essen-Rüttenscheid.. Ein Passfoto ist das Einzige, was Hobbyhistoriker Sahin Aydin noch an materiellem Nachlass des 1955 verstorbenen Rechtsanwalts Norbert Nathan Israel Rosenberg auftreiben konnte. „Die Gestapo hat das gesamte Hab und Gut der Familie nach Belgien verkauft, darunter auch das Haus, das wenig später von den Bomben zerstört wurde", erklärt Aydin, der etwas viel Wichtigeres retten möchte: Das Andenken an die bewegende Geschichte der Rosenbergs, die im Rüttenscheider Justizviertel an der Moorenstraße 35 zu Hause waren.

Dort, wo heute längst ein neues Mehrfamilienhaus entstanden ist, sollen ab Montag, 21. November, Stolpersteine an den jüdischen Rechtsanwalt und seine Familie erinnern. Ihnen gelang zwar die Flucht vor dem NS-Regime. Doch selbst von Uruguay aus beteiligte sich Rosenberg noch am Widerstand. So wirkte er mit gleichgesinnten Exildeutschen an der Zeitschrift „Das Andere Deutschland" mit, die in Südamerika erschien.

In Essen hatte sich Rosenberg bereits als Mitglied der Friedensgesellschaft gegen die Gewaltherrschaft eingesetzt. Den Nazis war er nicht zuletzt wegen seines Einsatzes zur Wiedergutmachung der Gräueltaten aus dem Ersten Weltkrieg ein Dorn im Auge.

Anwalt vertrat Revolutionär und Bergmann Alois Fulneczek

So engagierte sich Rosenberg für die Witwe des Revolutionärs und Bergmanns Alois Fulneczek, der 1919 einen bewaffneten

Arbeiteraufstand auf der Zeche Prosper in Bottrop angeführt hatte. Nachdem man ihm noch am Tag seiner Verhaftung ermordet hatte, wurde Fulneczek in einem Massengrab verscharrt. Mit Unterstützung des Rechtsanwalts Rosenberg kämpfte die hinterbliebene Ehefrau schließlich erfolgreich für eine Umbettung ihres Ehemanns auf einen Friedhof. „Rosenberg war für viele Geschädigte in Wiedergutmachungs- Angelegenheiten tätig", weiß der ehemalige Bottroper Linken-Ratsherr Sahin Aydin, der über seine Recherchen zum Revolutionär auf den Essener Rechtsanwalt stieß – und akribisch forschte.

Hobby-Historiker Sahin Aydin, Foto:Sven Kaiser-Gelsenkirchen

Bis zur Deutschen Botschaft nach Uruguay führte ihn seine Suche nach Hinterbliebenen, die bislang jedoch ohne Erfolg blieb. „Ich habe zwei Enkel in Großbritannien und Japan angeschrieben, aber leider keine Antwort erhalten", sagt Aydin.

Anwalt Norbert Rosenberg

Besonders beeindruckt habe ihn das große Engagement, mit dem Rosenberg selbst nach Ende des Zweiten Weltkriegs noch für seine Rechte und seine Rehabilitierung in Deutschland gekämpft habe. So kehrte er 1954 in seine Heimatstadt Essen zurück, um seine Zulassung als Anwalt und Notar zurück zu erlangen. „Obwohl er schon weit über 80 war, arbeitete er noch acht Monate als Rechtsanwalt. Er kämpfte vergeblich für eine Entschädigungszahlung, ehe er am 20. Mai 1955 in einem jüdischen Altersheim in Werden verstarb ", weiß Aydin, der die Geschichte der Familie Rosenberg in den nächsten Wochen in einer Broschüre veröffentlichen möchte. Das Projet ist in Kooperation mit der Deutschen Friedensgesellschaft in Essen entstanden.

Quelle:https://www.derwesten.de/staedte/essen/22-neue-stolpersteine-in-essen-halten-die-erinnerung-wach-id12361831.html

Anzeige

54

Anzeige

Anzeige

Kulturzentrum Alois- Fulneczek- Haus

Germaniastraße 74 D-46236 Bottrop

Öffnungszeiten:

Freitags von 15:00 bis 16:00 Uhr und

nach telefonischer Vereinbarung

Mobil:0179-4262483 / Tel.: 02041-9863288

E-Mail: sahinaydin@web.de

SOZIALBERATUNG

Jeden Freitag von 15:00 -16:00 Uhr

Wir bieten Beratung in Zusammenarbeit mit dem Rechtsanwalt Stephan Urbach aus Essen.

Die Beratung erfolgt in folgenden Bereichen: SGB II (Hartz IV) Asylrecht, Sozialrecht.

Quellen und Archive

Kulturbüro-Archiv der Stadt Menden (Sauerland)

Zentralarchiv zur Erforschung der Geschichte der Juden in Deutschland – Heidelberg / Trägerschaft des Zentralrates der Juden in Deutschland:

Bestand B. 3/48, Nr. 15

Stadtarchiv Essen - Haus der Essener Geschichte, Archiv Ernst Schmidt:

Bestand: 19-395

Jüdische Gemeinde in Montevideo/Uruguay

Boletin Informativo de la Nueva Communidad Israelita en el Uruguay, Februar 1940

Landesarchiv NRW, Abteilung Rheinland

Dr. Nathan Rosenberg, Bestand: RW 0058 62473

Foto Dr. Nathan Rosenberg, Bestand: NW PE 04721, Landesarchiv NRW, Abteilung Rheinland

Friedrich-Ebert-Stiftung, Bonn

Bochumer Zentrum für Stadtgeschichte

Historischer Verein für Stadt und Stift Essen e. V.

Literatur

Aydın, Şahin: Ein Leben für die gerechte Sache. Biografischer Abriss von Alois Fulneczek (29.12.1882-23.02.1919), Kunstkreis Bottrop e. V., Bottrop 2015

Giovannini, Norbert/Rink, Claudia/Moraw, Frank (Hg.): Erinnern, Bewahren, Gedenken, Die jüdischen Einwohner Heidelbergs und ihre Angehörigen 1933-1945, Heidelberg 2011

Schmalhausen, Bernd, Schicksale jüdischer Juristen aus Essen 1933-1945, Bottrop 1994

Wegner, Sonja: Von Essen nach Montevideo - eine Spurensuche, in: Essener Beiträge, Beiträge zur Geschichte von Stadt und Stift Essen, 120. Bd, Essen 2009

Wegner, Sonja: Zuflucht in einem fremden Land. Exil in Uruguay 1933-1945, Hamburg 2013

Martin Niemöller über Gemeinschaft

Als die Nazis die Kommunisten holten, habe ich geschwiegen; ich war ja kein Kommunist.

Als sie die Sozialdemokraten einsperrten, habe ich geschwiegen; ich war ja kein Sozialdemokrat.

Als sie die Gewerkschafter holten, habe ich geschwiegen, ich war ja kein Gewerkschafter.

Als sie mich holten, gab es keinen mehr, der protestieren konnte.

Martin Niemöller,
evangelischer Theologe
* 14.01.1892, † 06.03.1984

Zeitfracht Medien GmbH
Ferdinand-Jühlke-Straße 7
99095 Erfurt, Deutschland
produktsicherheit@kolibri360.de